300, rue Léon-Joulin, 31101 Toulouse Cedex 9

Loi 49.956 du 16.07.1949
ISBN : 2.7459.2245.9

Dépôt légal : 2e trimestre 2006

Imprimé en Belgique

www.editionsmilan.com

Collection dirigée par Valérie Tracqui

LA GRENOUILLE

Texte et photos de Paul Starosta

PATTE À PATTE

MILAN jeunesse

TAPAGE NOCTURNE

La nuit tombe sur l'étang. Les nombreux canards migrateurs qui jacassaient cet hiver sont partis. Le marais va retrouver son calme. Un dernier vol de flamants roses dans le soleil couchant... et c'est fini, tout s'endort. Seuls les roseaux balancés par le vent bruissent doucement. Mais soudain : crac ! Puis : crac, crac ! Le vacarme s'amplifie, les craquements sont si sonores qu'on peut les entendre à plusieurs centaines de mètres. Pourtant, ce n'est pas un éléphant qui écrase les roseaux... Mais une simple petite rainette qui chante. Elle dit : « Je suis là et j'attends une compagne. » Craccraccrac ! « Qu'aucun autre mâle ne s'approche. » Sans bouger, d'autres chanteurs entament leur complainte depuis les buissons du voisinage. Mais en ces premiers jours d'avril, aucune femelle ne se présente. Elles dorment encore...

Quel vacarme pour une si petite grenouille ! La rainette mesure 5 centimètres. C'est la taille d'un abricot.

NOCES AU CLAIR DE LUNE

Les concerts nocturnes continuent. Au bout de quelques jours, les premières femelles font enfin leur apparition.

Pour la première fois depuis des mois, elles se jettent à l'eau. Les mâles redoublent d'efforts pour attirer leur attention. Ils gonflent au maximum la poche jaune de leur gorge, qui leur sert de caisse de résonance. Dans l'eau, où la concurrence est grande, ils peuvent coasser des heures sans s'arrêter. Craccraccrac ! « Toi là-bas, n'approche pas ! » Crac, crac ! « Avancez dame rainette ! Je suis le plus beau ! » L'une d'elles est maintenant tout près... Rapidement, il l'enlace et ne la lâche plus.

Un couple vient de se former. Les deux compagnons se laissent ballotter doucement à la surface de l'étang, dans les reflets argentés de la lune.

Il n'y a que le mâle qui chante ; il se distingue de la femelle par sa gorge plissée.

Comme les crapauds, les rainettes s'accouplent dans l'eau. Elles ont alors 3 ou 4 ans.

Contrairement à la grenouille verte, qui a 2 sacs vocaux, la rainette n'en a qu'un seul sous le menton.

Les narines et les yeux sont sur le haut de la tête qui seule dépasse de l'eau.

COMME UN POISSON DANS L'EAU

Très vite, la petite grenouille femelle pond un paquet d'œufs, aussitôt fécondés par le mâle. En quelques heures, 800 œufs commencent ainsi leur périlleuse vie aquatique. Simplement déposés parmi la végétation, ces petits amas sont à la merci des bons appétits. Heureusement, au bout de 2 semaines il reste encore beaucoup d'œufs. Et bientôt, de chacun sort une petite larve. Sans bouche ni organe externe visible, elle reste d'abord fixée par une ventouse à l'enveloppe de son œuf. Au bout de quelque temps, de chaque côté de la tête, des branchies apparaissent. Une queue pousse. Une bouche se creuse. Puis les branchies sont recouvertes par de la peau. L'odorat se développe, ainsi que des organes pour sentir les vibrations de l'eau. Le têtard, véritable petit poisson sans écailles, part à la conquête de son univers.

Chaque œuf a la taille d'une petite perle. À l'intérieur l'embryon se développe.

Passant par là, le triton gourmand gobe par paquets les œufs de la rainette. Mmm...

À la naissance, la petite larve immobile est vulnérable. Elle respire sous l'eau par des branchies.

Quelques jours plus tard, le têtard a déjà une bouche et peut se déplacer en faisant onduler sa queue.

Pour se nourrir, il se sert de ses 2 lèvres en corne. Ses minuscules pattes arrière sont déjà visibles.

MÉTAMORPHOSE

Pas de problème pour trouver de quoi manger dans l'eau. Tout autour du têtard, la végétation s'enchevêtre en une forêt, miniature pour nous, mais gigantesque pour lui. En deux coups de queue, il atteint une plante couverte d'algues microscopiques dont il se régale. Mais l'endroit est dangereux, car fréquenté par le vorace dytique et les larves de libellules. Un grand nombre de têtards seront ainsi mangés tandis que les autres continuent à grossir. Le têtard broute un peu d'algues par-ci, dévore un petit cadavre par-là. En même temps, des pattes arrière commencent à lui pousser. Puis c'est au tour des pattes avant. La queue se raccourcit. Plus de branchies. Il faut aller chercher de l'air à la surface pour remplir des poumons tout neufs. Deux mois et demi plus tard, il est devenu un petit batracien à quatre pattes.

Sous la surface de l'eau, les têtards continuent à se développer.

Face au rapide dytique, aucune chance pour le têtard d'en sortir vivant.

Les pattes avant naissent sous la peau.

Quelques semaines après, les 4 pattes sont formées.

La queue disparaît peu à peu. Les poumons fonctionnent déjà.

NOUVELLE VIE

Plutôt que de risquer la noyade, la rainette nouveau-née préfère aller sur la rive ou sur un roseau respirer à son aise. L'idée est bonne. Des quantités d'autres minuscules grenouilles ont fait de même. Elles forment alors de grands rassemblements. Quelle chance pour la couleuvre passant par là ! Elle en avale plusieurs tout net. Mais il en reste toujours qui continuent à découvrir leur nouveau monde.

La grenouille a une bonne vue. Adapté à la vie aquatique, son œil comporte 3 paupières.

La rainette abandonnera les feuilles flottantes pour gagner la rive. C'est plus sûr !

Le bord de l'eau, c'est aussi le domaine de la couleuvre.
Pas de chance pour les nouveau-nés !

Chaque ponte donne naissance à 800 ou 1 000 jumeaux.
Ça fait du monde sur la rive !

Sur une tige basse, un moucheron vient de se poser. D'un bond, une exploratrice en herbe l'atteint et le gobe. Premier repas du nouveau régime. Heureusement, l'intestin herbivore du têtard, autrefois très long, s'est raccourci chez la grenouille carnivore. Et si elle a perdu son odorat, peu utile à repérer un moustique, elle a gagné des oreilles qui discernent le bourdonnement de ses nouvelles proies. Mais la chaleur du soleil commence à dessécher sa peau et la rainette va vite se cacher dans un endroit sombre et humide.

RESPIRER PAR LA PEAU

Il pleut. Les grenouilles quittent leur cachette. En ces premiers jours de juillet, la pluie est plutôt rare. Il faut en profiter. Non seulement elle permet à leur peau si fine de ne pas sécher, mais c'est aussi une façon de se désaltérer car, pour boire, il suffit que la rainette se promène sous les gouttes pour que l'eau traverse sa peau. Mieux encore, c'est par le même trajet que l'oxygène passe dans le sang ; les poumons travaillent peu. On comprend que le petit batracien mette cette peau si précieuse à l'abri des brûlures du soleil. Avec le temps, la peau de la grenouille se fabrique une substance visqueuse qui la maintient toujours humide. Elle sécrète aussi un poison, qui tue les parasites et irrite la bouche d'éventuels gourmands. Elle contient des colorants qui donnent à la rainette sa jolie couleur. À la fois bouche, poumon, parasol et palette de peintre, c'est vraiment une peau à tout faire !

La rainette est la seule grenouille européenne qui grimpe aux arbres.

Sous la peau, les vaisseaux sanguins viennent chercher au moins les deux tiers de l'oxygène.

GROSSE GOURMANDE

Au fil des jours,
la petite rainette grandit.
Contrairement aux enfants,
elle ne mange pas de soupe !
Le meilleur menu,
c'est moustique en entrée,
fourmis, et petite araignée
ou collemboles au dessert.
Question de goût ! Quand vient
le soir, elle sort de sa torpeur
et se met en chasse.
Grâce à ses deux longues
pattes arrière repliées,
qu'elle détend comme
des ressorts, la rainette bondit
sur tout ce qui bouge.
Bien sûr, elle ne s'attaque
toujours qu'à plus petit qu'elle,
à tout ce qu'elle peut gober
ou à la rigueur mâchonner.
Elle a des sortes de minuscules
dents à la mâchoire supérieure
et sur le plafond de la bouche.
Autant dire qu'elle mange
de toutes petites bêtes.
Mais quand il y en a beaucoup,
ça finit par faire du volume.
La rainette commence
justement à grossir.
Elle craint moins le soleil
et s'aventure vers les arbres.

Encore mieux que le chat ! La grenouille se projette dans les airs et se rattrape grâce aux ventouses humides et gluantes de ses 18 doigts.

À peine la grenouille a-t-elle gobé sa proie que sa bouche est à nouveau hermétiquement fermée.

Les petites s'attaquent aux moustiques ou aux fourmis.
Les grandes gobent sans problème les perce-oreilles et les punaises.

Tant qu'elle est immobile, l'araignée n'a rien à craindre.

Pour se protéger, la fourmi produit un acide.
Mais la grenouille vorace s'en moque !

UN CAMÉLÉON SANS QUEUE

Sa vraie vie de grenouille arboricole commence. Elle durera de 7 à 8 ans. Ça n'est pas toujours facile car les hérons, les cigognes et les couleuvres ont bon appétit. Mais cette fois, la rainette sait se défendre. D'abord elle est bien accrochée, avec ses 18 ventouses, une au bout de chaque doigt. Et une ventouse, ça ne dérape pas, alors avec 18... pas de problème pour sauter de branche en branche sans glisser. Sa deuxième arme, c'est une excellente tenue de camouflage : peau vert tendre au milieu des feuilles ou brune sur une branche pour passer inaperçue. Pendant la journée, bien plaquée contre une feuille, une tige de roseau ou une branche, la rainette dort au soleil. Parfois, au plus fort de la chaleur, elle descend se rafraîchir dans l'étang. Avec les superbes palmes de ses pattes arrière, elle nage à merveille. Puis, par le même chemin, elle retourne vers son arbre. C'est là son domaine.

Sur le dos, sa peau verte est parfaitement lisse ; sur le ventre, elle est brune et granuleuse.

Dans les arbres
ou au bord de l'eau,
la cigogne adore
les grenouilles.

Courte, avec
4 doigts allongés
terminés par une
ventouse : c'est
une patte avant.
La longue patte
arrière a 5 doigts.

ATTENDRE LES BEAUX JOURS

C'est le début de l'automne. La mauvaise saison approche et les nuits sont plus fraîches. La rainette décide alors de chasser au grand jour, pendant les heures encore chaudes de cette fin d'été. Finalement, incapable de garder une température suffisante pour s'activer, elle cherche un abri pour dormir. Une fissure de rocher, des feuilles mortes, un arbre creux la protégeront des rigueurs de l'hiver.

Sa respiration se ralentit. Elle absorbe l'oxygène par la peau.

Elle cesse de manger et de boire. Plus ou moins loin de l'étang, dans un profond sommeil, la rainette reste ainsi cachée jusqu'aux premières chaleurs du printemps. À ce moment-là, elle reprendra son activité, prête à de nouvelles noces, sous le clair de lune.

Bien cachée au creux d'un roseau, la petite grenouille profite encore des moindres rayons du soleil.

Avant que le froid ne l'engourdisse et finisse par la tuer, la rainette se met à l'abri. Complètement immobile, elle ne respire que par la peau.

PAUVRES GRENOUILLES

Comme les autres amphibiens, les grenouilles sont victimes de la pollution et de l'aménagement des zones humides. De plus, les autos les écrasent, et leurs cuisses figurent en bonne place sur les menus des restaurants. Leur sort n'est vraiment pas enviable. Pourtant, en France, les grenouilles sont protégées par la loi.

C'est au bord de l'étang que l'on peut le mieux observer les grenouilles.

UN GRAND BESOIN D'EAU

« Ne pas en manger et éviter de les écraser. » Telle est la devise du parfait protecteur de grenouilles. Mais il est aussi très utile de favoriser leur reproduction en créant une mare dans son jardin ou à l'école. Pour cela, évite l'introduction de poissons, grands consommateurs d'œufs et de larves. Comme les insectes et les oiseaux d'eau, toute une population d'amphibiens prendra alors possession des lieux et te permettra de multiples observations...

Particulièrement sensibles à la pollution de l'air et de l'eau, les grenouilles sont de précieux indicateurs de la qualité du milieu.

THERMOMÈTRE À POLLUTION

Mettre une rainette dans un bocal avec une échelle pour savoir le temps qu'il va faire est aussi cruel qu'inutile. Mais s'ils ne prédisent pas le temps, la rainette et tous les batraciens nous informent sur l'état de santé de la planète. Leurs œufs sont très sensibles à la pollution de l'eau et leur peau, si fine, laisse passer l'oxygène de l'air, mais aussi les gaz toxiques qui s'y trouvent. Les batraciens sont donc des indicateurs du niveau de pollution de l'eau et de l'air. Le plus inquiétant pour eux, comme pour nous, est que leur nombre diminue partout dans le monde.

Sans les grenouilles, nous serions envahis de moustiques.

Encore des millions de victimes de la route !

Au moment de la reproduction, tout bon crapaud qui se respecte veut retrouver sa mare natale, où qu'elle soit. Même si c'est de l'autre côté de la route ! Et des milliers de batraciens se font ainsi écraser en traversant, la nuit. Pour arrêter le carnage, à certains endroits on a fait des tunnels sous la chaussée : des crapauducs qui permettent aux animaux de passer en dessous. Mais ces initiatives, très localisées, permettent surtout de sensibiliser les conducteurs : levez le pied !

Un mauvais goût

La mode du plat de cuisses de grenouilles a tué des quantités énormes de ces sympathiques animaux. Chaque année, des millions de batraciens sont capturés, puis coupés en deux, vivants, pour satisfaire ces pratiques douteuses. Et quand les grenouilles ne sont plus là, les insectes dansent. Alors, toujours aussi futé, on répand des insecticides. Résultat : on achève les survivantes et on supprime, par la même occasion, les poissons eux aussi mangeurs d'insectes. Pour finir, les insectes s'adaptent et pullulent. Mais peut-être la mode va-t-elle changer et l'on dira au restaurant : « Vous reprendrez bien une aile de mouche ou une antenne de moustique ?... »

Les millions de pattes consommées proviennent de grenouilles vertes prélevées dans la nature, particulièrement en Asie et en Europe de l'Est. Les élevages sont inexistants.

LES AUTRES GRENOUILLES ET CRAPAUDS

Aux temps préhistoriques, des poissons sortis de l'eau ont donné naissance aux grenouilles et aux autres amphibiens : crapauds, tritons, salamandres... Si elles ont perdu leurs écailles, les espèces actuelles de cette classe ont encore besoin d'humidité. Leurs larves vivent dans l'eau et leur température varie avec celle du milieu. Les grenouilles font partie des amphibiens sans queue, c'est-à-dire des anoures. Leurs corps est trapu et leurs pattes arrière adaptées au saut sont plus ou moins palmées. En Europe, 5 familles sont représentées.

LE PÉLODYTE

Comme la rainette, il ne mesure que 5 cm et ne rejoint l'eau que pour se reproduire. Le mâle se rend alors intéressant en coassant, même sous l'eau. Il émet, surtout la nuit, un faible chant qui ressemble au grincement d'une chaussure neuve. Très vif, il saute et grimpe aisément dans la végétation.

LE CRAPAUD ACCOUCHEUR

Il vit dans les éboulis de rochers, les vieux murs, ou même en pleine ville, mais toujours non loin d'un point d'eau. Le mâle a un chant qui ressemble au son d'une flûte. Après l'accouplement qui a lieu à terre, il transporte une soixantaine d'œufs accrochés à ses pattes arrière. Il ira les mettre dans l'eau voisine au moment de l'éclosion.

La grenouille verte

Active de jour comme de nuit, la grenouille verte est très aquatique. Elles se chauffe sur les berges mais est toujours prête à plonger. Elle hiberne sous l'eau, dans la vase. Le mâle a 2 sacs vocaux blancs de chaque côté de la bouche.

Le crapaud

Le crapaud n'a pas de caisse de résonance pour amplifier son chant. Pour entendre son gloussement, il faut être tout près de lui.
Après la reproduction, il quitte complètement l'eau et cesse de chanter. Le mâle est plus petit que la femelle. La nuit, tous deux mangent des limaces, des escargots et divers insectes, au grand plaisir des jardiniers.

LES GRENOUILLES EXOTIQUES

Les anoures regroupent environ 3 000 espèces et sont présents dans le monde entier... sauf dans les régions polaires. Les espèces tropicales sont très colorées. Qu'elles vivent dans les arbres, sur terre ou dans l'eau, leurs comportements sont vraiment proches.

Le dendrobate

Les dendrobates sont de petites grenouilles très colorées. Ils vivent dans les forêts tropicales d'Amérique où les Indiens utilisent leur venin pour empoisonner leurs flèches. Certains dendrobates portent même parfois leurs têtards sur le dos pendant quelque temps.

Un microhylidé

Les représentants de la famille des microhylidés vivent dans le monde entier, sauf en Europe. Le plus souvent, ils mangent des fourmis ou des termites. Des petits malins vont même jusqu'à vivre dans la termitière dont ils dévorent les occupants.

La mantelle

Les mantelles ne dépassent guère les 2 cm. Elles vivent au sol et déposent leurs œufs dans un terrier. Après éclosion, les larves sont entraînées vers l'eau par les pluies. La période de reproduction correspond à la saison des orages.

Le rhacophore

À voir les doigts allongés et terminés en ventouses des rhacophores, on comprend tout de suite qu'ils vivent dans les arbres. La ponte a lieu dans un nid fait d'écume sur une branche ou une feuille. Au bout d'un moment, les têtards quittent le nid pour tomber dans l'eau qui se trouve toujours juste au-dessous.

Index

Crédit photographique

Toutes les photos sont de Paul STAROSTA.

Montage maquette : Dominique DASTREVIGNE